大方廣佛華嚴經 讀誦

15

🪷 일러두기

1. 『독송본 한문 · 한글역 대방광불화엄경』은 실차난타가 한역(695~699)한 80권 『대방광불화엄경』의 한문 원문과 한글역을 함께 수록한 것이다. 한문에는 음사와 현토를 부기하였다.

2. 원문의 저본은 고종 2년(1865) 월정사에서 인경한 고려대장경 『대방광불화엄경』에 한암 스님이 현토(1949년)한 것을 범룡 스님이 영인 출판(1990년)한 『대방광불화엄경』이다.

3. 한문은 저본에서 누락되었거나 글자가 다르다고 판단된 부분은 저본인 고려대장경 각권의 말미에 교감되어 있는 내용을 중심으로 하고 봉은사판 『대방광불화엄경수소연의초』와 신수대장경 각주에서 밝힌 교감본을 참조하여 보입하고 수정하였다.

4. 한글 번역은 동국역경원에서 발간한 한글 『대방광불화엄경』(운허)을 중심으로 하고 『신화엄경합론』(탄허)과 『대방광불화엄경 강설』(여천무비) 그리고 최근의 여타 번역본 등을 참조하였다.

5. 저본의 원문에서 이체자의 경우 혼글이 제공하는 이체자는 그대로 살리고 혼글이 제공하지 않는 글자는 통용되는 정자로 바꾸었다. 예) 間 → 閒 / 焰 → 燄 / 宮 → 宫 / 偁 → 稱

6. 한글 번역은 독송과 사경을 위하여 정확성과 아울러 가독성을 고려하였다. 극존칭은 부처님과 불경계에 대해서만 사용하였다.

7. 독송본의 차례는 일러두기 → 본문 → 화엄경 목차 → 간행사의 순차이다.
   (법공양판에는 간행사 다음에 간행불사 동참자를 밝혀 두었다.)

8. 독송본의 한글역은 사경의 편의를 도모하기 위해 그 편집을 달리하여 『사경본 한글역 대방광불화엄경』으로 함께 간행한다. 독송본과 사경본 모두 80권 『대방광불화엄경』의 권별 목차 순으로 간행한다.

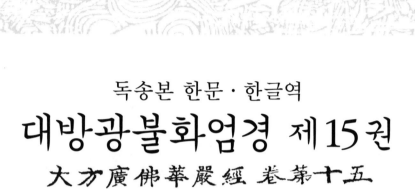

독송본 한문 · 한글역

대방광불화엄경 제15권
大方廣佛華嚴經 卷第十五

12. 현수품 [2]
賢首品 第十二之二

실차난타 한역
수미해주 한글역

15

大方廣佛華嚴經第十五卷變相

대방광불화엄경 제15권 변상도

대방광불화엄경
제15권

12. 현수품 [2]

대방광불화엄경 권제십오
大方廣佛華嚴經 卷第十五

현수품 제십이지이
賢首品 第十二之二

유승삼매명안락
有勝三昧名安樂이니

능보구도제군생
能普救度諸群生이라

방대광명부사의
放大光明不思議하야

영기견자실조복
令其見者悉調伏이니라

대방광불화엄경 제15권

12. 현수품 [2]

수승한 삼매가 있으니 이름이 안락이라

능히 모든 군생들을 널리 제도하며

부사의한 큰 광명을 놓아서

그것을 보는 이로 하여금 다 조복하게 하도다.

소방광명명선현
所放光明名善現이니

약유중생우차광
若有衆生遇此光이면

필령획익부당연
必令獲益不唐捐이라

인시득성무상지
因是得成無上智니라

피광시현어제불
彼光示現於諸佛하고

시법시승시정도
示法示僧示正道하며

역시불탑급형상
亦示佛塔及形像일새

시고득성차광명
是故得成此光明이니라

우방광명명조요
又放光明名照耀니

영폐일체제천광
映蔽一切諸天光하며

소유암장미부제
所有闇障靡不除하야

보위중생작요익
普爲衆生作饒益이니라

방광한 광명의 이름이 선현이라
만약 어떤 중생이 이 광명을 만나면
반드시 이익을 얻어 헛되지 않게 하니
이로 인해 위없는 지혜를 이루도다.

그 광명이 모든 부처님을 나타내 보이고
법을 보이고 스님을 보이고 바른 도를 보이며
또한 불탑과 형상을 보이니
이런 까닭에 이 광명을 이루었도다.

또 광명을 놓으니 이름이 조요라
일체 모든 하늘 광명을 덮어 가리며
있는 바 어두움의 장애를 없애지 않음이 없어서
널리 중생들을 위하여 이익을 짓도다.

차광각오일체중
此光覺悟一切衆하야

영집등명공양불
令執燈明供養佛이니

이등공양제불고
以燈供養諸佛故로

득성세중무상등
得成世中無上燈이니라

연제유등급소등
然諸油燈及酥燈하고

역연종종제명거
亦然種種諸明炬와

중향묘약상보촉
衆香妙藥上寶燭하야

이시공불획차광
以是供佛獲此光이니라

우방광명명제도
又放光明名濟度니

차광능각일체중
此光能覺一切衆하야

영기보발대서심
令其普發大誓心하야

도탈욕해제군생
度脫欲海諸群生이니라

이 광명이 일체 중생을 깨우쳐서
등불을 들어 부처님께 공양올리게 하니
등으로 모든 부처님께 공양올리는 까닭에
세상 가운데 위없는 등을 이루었도다.

모든 기름등과 연유등을 켜고
또한 갖가지 모든 밝은 횃불과
온갖 향과 미묘한 약과 으뜸가는 보배 촛불을 켜서
이것으로 부처님께 공양올려 이 광명을 얻었도다.

또 광명을 놓으니 이름이 제도라
이 광명이 능히 일체 중생을 깨우쳐서
그들로 하여금 큰 서원의 마음을 널리 내어서
욕망바다의 모든 군생들을 제도하여 해탈케 하도다.

약능보발대서심
若能普發大誓心하야

도탈욕해제군생
度脫欲海諸群生이면

즉능월도사폭류
則能越度四瀑流하야

시도무우해탈성
示導無憂解脫城이니라

어제행로대수처
於諸行路大水處에

조립교량급선벌
造立橋梁及船筏호대

훼자유위찬적정
毁呰有爲讚寂靜일새

시고득성차광명
是故得成此光明이니라

우방광명명멸애
又放光明名滅愛니

차광능각일체중
此光能覺一切衆하야

영기사리어오욕
令其捨離於五欲하고

전사해탈묘법미
專思解脫妙法味니라

만약 능히 큰 서원의 마음을 널리 내어서
욕망바다의 모든 군생들을 제도하여 해탈케 하면
능히 네 가지 폭류를 넘고 건너서
근심 없는 해탈성을 나타내 보여 인도하리라.

모든 다니는 길의 큰물이 있는 곳에
다리와 배와 뗏목을 만들되
유위를 비방하고 적정을 찬탄하니
이런 까닭에 이 광명을 이루었도다.

또 광명을 놓으니 이름이 멸애라
이 광명이 능히 일체 중생을 깨우쳐서
그들로 하여금 오욕을 버리고 여의어
오로지 해탈의 묘한 법의 맛을 생각하게 하도다.

약능사리어오욕
若能捨離於五欲하고

전사해탈묘법미
專思解脫妙法味하면

즉능이불감로우
則能以佛甘露雨로

보멸세간제갈애
普滅世間諸渴愛니라

혜시지정급천류
惠施池井及泉流하고

전구무상보리도
專求無上菩提道호대

훼자오욕찬선정
毀呰五欲讚禪定일새

시고득성차광명
是故得成此光明이니라

우방광명명환희
又放光明名歡喜니

차광능각일체중
此光能覺一切衆하야

영기애모불보리
令其愛慕佛菩提하야

발심원증무사도
發心願證無師道니라

만약 능히 오욕을 버리고 여의어

오로지 해탈의 묘한 법의 맛을 생각하면

곧 능히 부처님의 감로의 비로써

세간의 모든 갈애를 널리 소멸하리라.

못과 우물과 샘물을 보시하고

오로지 위없는 보리도를 구하되

오욕을 비방하고 선정을 찬탄하니

이런 까닭에 이 광명을 이루었도다.

또 광명을 놓으니 이름이 환희라

이 광명이 능히 일체 중생을 깨우쳐서

그들로 하여금 부처님의 보리를 애모하고

발심하여 스승 없는 도를 원하여 증득하게 하도다.

조립여래대비상
造立如來大悲像하야

중상장엄좌화좌
衆相莊嚴坐華座하고

항탄최승제공덕
恒歎最勝諸功德일새

시고득성차광명
是故得成此光明이니라

우방광명명애락
又放光明名愛樂이니

차광능각일체중
此光能覺一切衆하야

영기심요어제불
令其心樂於諸佛하며

급이요법요중승
及以樂法樂衆僧이니라

약상심요어제불
若常心樂於諸佛하며

급이요법요중승
及以樂法樂衆僧이면

즉재여래중회중
則在如來衆會中하야

체성무상심법인
逮成無上深法忍이니라

여래의 대비상을 만들어
온갖 모양으로 장엄하여 연화좌에 모시고
가장 수승한 모든 공덕을 항상 찬탄하니
이런 까닭에 이 광명을 이루었도다.

또 광명을 놓으니 이름이 애락이라
이 광명이 능히 일체 중생을 깨우쳐서
그들로 하여금 마음에 모든 부처님을 좋아하며
법을 좋아하고 여러 스님들을 좋아하게 하도다.

만약 항상 마음에 모든 부처님을 좋아하며
법을 좋아하고 여러 스님들을 좋아하면
곧 여래의 대중모임 가운데 있어서
위없는 깊은 법인을 이루리라.

개오중생무유량
開悟衆生無有量하야

보사염불법승보
普使念佛法僧寶하며

급시발심공덕행
及示發心功德行일새

시고득성차광명
是故得成此光明이니라

우방광명명복취
又放光明名福聚니

차광능각일체중
此光能覺一切衆하야

영행종종무량시
令行種種無量施하야

이차원구무상도
以此願求無上道니라

설대시회무차한
設大施會無遮限하고

유래구자개만족
有來求者皆滿足하야

불령기심유소핍
不令其心有所乏일새

시고득성차광명
是故得成此光明이니라

한량없는 중생들을 열어 깨우쳐서
널리 불보와 법보와 승보를 생각하게 하며
그리고 발심의 공덕행을 보이니
이런 까닭에 이 광명을 이루었도다.

또 광명을 놓으니 이름이 복취라
이 광명이 능히 일체 중생을 깨우쳐서
갖가지 한량없는 보시를 행하여
이것으로 위없는 도를 원하여 구하게 하도다.

막거나 제한함이 없는 큰 보시 모임을 베풀어
와서 구하는 이들이 모두 만족하여
그 마음에 모자라는 바가 있지 않게 하니
이런 까닭에 이 광명을 이루었도다.

우방광명명구지
又放光明名具智니

차광능각일체중
此光能覺一切衆하야

영어일법일념중
令於一法一念中에

실해무량제법문
悉解無量諸法門이니라

위제중생분별법
爲諸衆生分別法하며

급이결료진실의
及以決了眞實義하야

선설법의무휴감
善說法義無虧減일새

시고득성차광명
是故得成此光明이니라

우방광명명혜등
又放光明名慧燈이니

차광능각일체중
此光能覺一切衆하야

영지중생성공적
令知衆生性空寂하야

일체제법무소유
一切諸法無所有니라

또 광명을 놓으니 이름이 구지라
이 광명이 능히 일체 중생을 깨우쳐서
한 법과 한 생각 가운데서
한량없는 모든 법문을 다 알게 하도다.

모든 중생들을 위하여 법을 분별하고
진실한 뜻을 결정코 요지함으로써
법과 뜻이 이지러지고 줄어듦이 없음을 잘 설하니
이런 까닭에 이 광명을 이루었도다.

또 광명을 놓으니 이름이 혜등이라
이 광명이 능히 일체 중생을 깨우쳐서
중생들로 하여금 성품이 공적하여
일체 모든 법이 있는 바가 없음을 알게 하도다.

연설제법공무주
演說諸法空無主하야

여환여염수중월
如幻如燄水中月하며

내지유여몽영상
乃至猶如夢影像일새

시고득성차광명
是故得成此光明이니라

우방광명법자재
又放光名法自在니

차광능각일체중
此光能覺一切衆하야

영득무진다라니
令得無盡陀羅尼하야

실지일체제불법
悉持一切諸佛法이니라

공경공양지법자
恭敬供養持法者하고

급시수호제현성
給侍守護諸賢聖하야

이종종법시중생
以種種法施衆生일새

시고득성차광명
是故得成此光明이니라

모든 법이 공하여 주인이 없어서
환과 같고 불꽃과 같고 물속의 달과 같으며
내지 마치 꿈과 같고 영상과 같음을 연설하니
이런 까닭에 이 광명을 이루었도다.

또 광명을 놓으니 이름이 법자재라
이 광명이 능히 일체 중생을 깨우쳐서
다함없는 다라니를 얻어서
일체 모든 부처님 법을 다 지니게 하도다.

법을 지닌 자를 공경하고 공양올리며
모든 현인과 성인들을 시중들고 수호하여
갖가지 법으로 중생들에게 베푸니
이런 까닭에 이 광명을 이루었도다.

우방광명명능사
又放光明名能捨니

차광각오간중생
此光覺悟慳衆生하야

영지재보실비상
令知財寶悉非常하야

항락혜시심무착
恒樂惠施心無著이니라

간심난조이능조
慳心難調而能調하고

해재여몽여부운
解財如夢如浮雲하야

증장혜시청정심
增長惠施淸淨心일새

시고득성차광명
是故得成此光明이니라

우방광명명제열
又放光明名除熱이니

차광능각훼금자
此光能覺毀禁者하야

보사수지청정계
普使受持淸淨戒하야

발심원증무사도
發心願證無師道니라

또 광명을 놓으니 이름이 능사라

이 광명이 간탐 중생들을 깨우쳐서

재보가 모두 항상하지 않음을 알아서

늘 보시를 즐겨하여 마음에 집착이 없게 하도다.

간탐의 마음은 조복하기 어려우나 능히 조복하고

재물은 꿈과 같고 뜬구름과 같음을 알아서

보시하는 청정한 마음을 증장하니

이런 까닭에 이 광명을 이루었도다.

또 광명을 놓으니 이름이 제열이라

이 광명이 능히 파계한 이를 깨우쳐서

널리 청정한 계를 받아 지녀서

발심하여 스승 없는 도를 원하여 증득케 하도다.

권인중생수지계
勸引衆生受持戒하야

십선업도실청정
十善業道悉淸淨하며

우령발향보리심
又令發向菩提心일새

시고득성차광명
是故得成此光明이니라

우방광명명인엄
又放光明名忍嚴이니

차광각오진에자
此光覺悟瞋恚者하야

영피제진리아만
令彼除瞋離我慢하야

상락인욕유화법
常樂忍辱柔和法이니라

중생포악난가인
衆生暴惡難可忍이어늘

위보리고심부동
爲菩提故心不動하야

상락칭양인공덕
常樂稱揚忍功德일새

시고득성차광명
是故得成此光明이니라

중생들에게 계를 받아 지니도록 권하고 이끌어서
열 가지 선업도를 다 청정케 하며
또 보리심을 일으켜 향하게 하니
이런 까닭에 이 광명을 이루었도다.

또 광명을 놓으니 이름이 인엄이라
이 광명이 성내는 이를 깨우쳐서
그로 하여금 성냄을 제거하고 아만을 여의어
인욕하고 부드럽고 온화한 법을 항상 즐기게 하도다.

중생들의 포악함이 참기 어렵거늘
보리를 위한 연고로 마음이 움직이지 아니하여
참는 공덕 칭찬하기를 항상 즐기니
이런 까닭에 이 광명을 이루었도다.

우방광명명용맹
又放光明名勇猛이니

차광각오나타자
此光覺悟嬾惰者하야

영피상어삼보중
令彼常於三寶中에

공경공양무피염
恭敬供養無疲厭이니라

약피상어삼보중
若彼常於三寶中에

공경공양무피염
恭敬供養無疲厭이면

즉능초출사마경
則能超出四魔境하야

속성무상불보리
速成無上佛菩提니라

권화중생영진책
勸化衆生令進策하야

상근공양어삼보
常勤供養於三寶하야

법욕멸시전수호
法欲滅時專守護일새

시고득성차광명
是故得成此光明이니라

또 광명을 놓으니 이름이 용맹이라
이 광명이 게으른 이를 깨우쳐서
그가 항상 삼보 가운데 공경하고 공양올리되
피로해 하거나 싫어함이 없게 하도다.

만약 그가 항상 삼보 가운데 공경하고 공양올리되
피로해 하거나 싫어함이 없으면
곧 능히 네 가지 마의 경계에서 벗어나서
속히 위없는 부처님의 보리를 이루리라.

중생들을 권하여 교화해서 정진하여
항상 부지런히 삼보께 공양올리게 하며
법이 멸하려 할 때 오로지 수호하니
이런 까닭에 이 광명을 이루었도다.

우방광명명적정
又放光明名寂靜이니

차광능각난의자
此光能覺亂意者하야

영기원리탐에치
令其遠離貪恚癡하야

심부동요이정정
心不動搖而正定이니라

사리일체악지식
捨離一切惡知識의

무의담설잡염행
無義談說雜染行하고

찬탄선정아란야
讚歎禪定阿蘭若일새

시고득성차광명
是故得成此光明이니라

우방광명명혜엄
又放光明名慧嚴이니

차광각오우미자
此光覺悟愚迷者하야

영기증제해연기
令其證諦解緣起하야

제근지혜실통달
諸根智慧悉通達이니라

또 광명을 놓으니 이름이 적정이라
이 광명이 능히 생각이 산란한 이를 깨우쳐서
그로 하여금 탐욕과 성냄과 어리석음을 멀리 여의어
마음이 동요하지 않고 바르고 안정하게 하도다.

일체 악지식의 뜻 없는 말과
잡되고 물든 행을 버리고 여의며
선정과 아란야를 찬탄하니
이런 까닭에 이 광명을 이루었도다.

또 광명을 놓으니 이름이 혜엄이라
이 광명이 어리석고 미혹한 이를 깨우쳐서
그로 하여금 진리를 증득하고 연기를 알아서
모든 근과 지혜를 다 통달하게 하도다.

약능증제해연기
若能證諦解緣起하야

제근지혜실통달
諸根智慧悉通達이면

즉득일등삼매법
則得日燈三昧法하야

지혜광명성불과
智慧光明成佛果니라

국재급기개능사
國財及己皆能捨하고

위보리고구정법
爲菩提故求正法하야

문이전근위중설
聞已專勤爲衆說일새

시고득성차광명
是故得成此光明이니라

우방광명명불혜
又放光明名佛慧니

차광각오제함식
此光覺悟諸含識하야

영견무량무변불
令見無量無邊佛이

각각좌보연화상
各各坐寶蓮華上이니라

만약 능히 진리를 증득하고 연기를 알아서
모든 근과 지혜를 다 통달하면
곧 일등삼매법을 얻어서
지혜의 광명으로 불과를 이루리라.

국토와 재물과 자기 몸까지 모두 능히 버리고
보리를 위하여 바른 법을 구하며
듣고 나서 오로지 부지런히 중생들을 위해 설하니
이런 까닭에 이 광명을 이루었도다.

또 광명을 놓으니 이름이 불혜라
이 광명이 모든 중생들을 깨우쳐서
한량없고 가없는 부처님께서
각각 보배 연꽃 위에 앉아 계심을 보게 하도다.

찬 불 위 덕 급 해 탈
讚佛威德及解脫하고

설 불 자 재 무 유 량
說佛自在無有量하야

현 시 불 력 급 신 통
顯示佛力及神通일새

시 고 득 성 차 광 명
是故得成此光明이니라

우 방 광 명 명 무 외
又放光明名無畏니

차 광 조 촉 공 포 자
此光照觸恐怖者하야

비 인 소 지 제 독 해
非人所持諸毒害를

일 체 개 령 질 제 멸
一切皆令疾除滅이니라

능 어 중 생 시 무 외
能於衆生施無畏하야

우 유 뇌 해 개 권 지
遇有惱害皆勸止하야

증 제 액 난 고 궁 자
拯濟厄難孤窮者일새

이 시 득 성 차 광 명
以是得成此光明이니라

부처님의 위덕과 해탈을 찬탄하고
부처님의 한량없는 자재를 말하며
부처님의 힘과 신통을 나타내 보이니
이런 까닭에 이 광명을 이루었도다.

또 광명을 놓으니 이름이 무외라
이 광명이 두려워하는 이들을 비추어
사람 아닌 이들이 가지고 있는 모든 독해
일체를 모두 빨리 제거해 멸하게 하도다.

능히 중생들에게 두려움 없음을 보시하여
고뇌와 독해가 있는 이를 만나면 다 권하여 그치게 하며
액난과 고독하고 궁핍한 이를 구제하니
이것으로 이 광명을 이루었도다.

우 방 광 명 명 안 은
又放光明名安隱이니

차 광 능 조 질 병 자
此光能照疾病者하야

영 제 일 체 제 고 통
令除一切諸苦痛하야

실 득 정 정 삼 매 락
悉得正定三昧樂이니라

시 이 양 약 구 중 환
施以良藥救衆患하며

묘 보 연 명 향 도 체
妙寶延命香塗體하며

소 유 유 밀 충 음 식
酥油乳蜜充飮食일새

이 시 득 성 차 광 명
以是得成此光明이니라

우 방 광 명 명 견 불
又放光明名見佛이니

차 광 각 오 장 몰 자
此光覺悟將歿者하야

영 수 억 념 견 여 래
令隨憶念見如來하야

명 종 득 생 기 정 국
命終得生其淨國이니라

또 광명을 놓으니 이름이 안은이라
이 광명이 능히 질병 있는 이들을 비추어
일체 모든 고통을 제거하여
모두 바르고 안정된 삼매의 즐거움을 얻게 하도다.

좋은 약을 보시하여 온갖 병환을 구제하고
묘한 보배로 수명을 연장하고 향을 몸에 바르며
연유와 기름과 우유와 꿀로 음식을 보충하니
이것으로 이 광명을 이루었도다.

또 광명을 놓으니 이름이 견불이라
이 광명이 장차 죽을 자를 깨우쳐서
기억하고 생각함을 따라 여래를 친견하고
목숨이 마치면 그 정토에 태어나게 하도다.

견유임종권염불
見有臨終勸念佛하고

우시존상영첨경
又示尊像令瞻敬하야

비어불소심귀앙
俾於佛所深歸仰일새

시고득성차광명
是故得成此光明이니라

우방광명명낙법
又放光明名樂法이니

차광능각일체중
此光能覺一切衆하야

영어정법상흔락
令於正法常欣樂하야

청문연설급서사
聽聞演說及書寫니라

법욕진시능연설
法欲盡時能演說하야

영구법자의충만
令求法者意充滿하야

어법애락근수행
於法愛樂勤修行일새

시고득성차광명
是故得成此光明이니라

임종을 보면 염불을 권하고
또 존상을 보여 우러러 공경하게 하며
부처님 처소에 깊이 귀의하여 우러르게 하니
이런 까닭에 이 광명을 이루었도다.

또 광명을 놓으니 이름이 낙법이라
이 광명이 능히 일체 중생을 깨우쳐서
바른 법을 항상 기뻐하고 즐겨서
듣고 연설하고 베껴 쓰게 하도다.

법이 다하려 할 때 능히 연설하여
법을 구하는 이들로 하여금 뜻에 충만하며
법을 사랑하고 즐기며 부지런히 수행하게 하니
이런 까닭에 이 광명을 이루었도다.

우방광명명묘음
又放光明名妙音이니

차광개오제보살
此光開悟諸菩薩하야

능령삼계소유성
能令三界所有聲으로

문자개시여래음
聞者皆是如來音이니라

이대음성칭찬불
以大音聲稱讚佛하며

급시영탁제음악
及施鈴鐸諸音樂하야

보사세간문불음
普使世間聞佛音일새

시고득성차광명
是故得成此光明이니라

우방광명시감로
又放光名施甘露니

차광개오일체중
此光開悟一切衆하야

영사일체방일행
令捨一切放逸行하고

구족수습제공덕
具足修習諸功德이니라

또 광명을 놓으니 이름이 묘음이라

이 광명이 모든 보살들을 열어 깨우쳐서

능히 삼계에 있는 소리가

듣는 이에게 다 여래의 음성이 되게 하도다.

큰 음성으로 부처님을 칭찬하며

요령과 목탁으로 모든 음악을 베풀어

널리 세간으로 하여금 부처님 음성을 듣게 하니

이런 까닭에 이 광명을 이루었도다.

또 광명을 놓으니 이름이 시감로라

이 광명이 일체 중생을 열어 깨우쳐서

일체 방일한 행을 버리고

모든 공덕을 구족하게 닦아 익히게 하도다.

설유위법비안은
說有爲法非安隱이라

무량고뇌실충변
無量苦惱悉充徧하고

항락칭양적멸락
恒樂稱揚寂滅樂일새

시고득성차광명
是故得成此光明이니라

우방광명명최승
又放光明名最勝이니

차광개오일체중
此光開悟一切衆하야

영어불소보청문
令於佛所普聽聞

계정지혜증상법
戒定智慧增上法이니라

상락칭양일체불
常樂稱揚一切佛의

승계승정수승혜
勝戒勝定殊勝慧하야

여시위구무상도
如是爲求無上道일새

시고득성차광명
是故得成此光明이니라

유위법은 안락하지 않음이라
한량없는 고뇌가 다 가득하다 말하고
항상 즐거이 적멸락을 칭찬하여 드날리니
이런 까닭에 이 광명을 이루었도다.

또 광명을 놓으니 이름이 최승이라
이 광명이 일체 중생을 열어 깨우쳐서
부처님 처소에서 널리
계와 정과 지혜의 높은 법을 듣게 하도다.

항상 즐거이 일체 부처님의 수승한 계와
수승한 정과 수승한 혜를 칭찬하여 드날려서
이와 같이 위없는 도를 구하니
이런 까닭에 이 광명을 이루었도다.

우방광명명보엄
又放光明名寶嚴이니

차광능각일체중
此光能覺一切衆하야

영득보장무궁진
令得寶藏無窮盡하야

이차공양제여래
以此供養諸如來니라

이제종종상묘보
以諸種種上妙寶로

봉시어불급불탑
奉施於佛及佛塔하며

역이혜시제빈핍
亦以惠施諸貧乏일새

시고득성차광명
是故得成此光明이니라

우방광명명향엄
又放光明名香嚴이니

차광능각일체중
此光能覺一切衆하야

영기문자열가의
令其聞者悅可意하야

결정당성불공덕
決定當成佛功德이니라

또 광명을 놓으니 이름이 보엄이라

이 광명이 능히 일체 중생을 깨우쳐서

다함없는 보배창고를 얻어서

이것으로 모든 여래께 공양올리게 하도다.

모든 갖가지 최상의 묘한 보배로

부처님과 불탑에 받들어 보시하며

또한 모든 가난하고 궁핍한 이에게 보시하니

이런 까닭에 이 광명을 이루었도다.

또 광명을 놓으니 이름이 향엄이라

이 광명이 능히 일체 중생을 깨우쳐서

그것을 듣는 이로 하여금 뜻에 기뻐하여

결정코 마땅히 부처님의 공덕을 이루게 하도다.

인천묘향이도지
人天妙香以塗地하야

공양일체최승주
供養一切最勝主하고

역이조탑급불상
亦以造塔及佛像일새

시고득성차광명
是故得成此光明이니라

우방광명잡장엄
又放光名雜莊嚴이니

보당번개무앙수
寶幢幡蓋無央數며

분향산화주중락
焚香散華奏衆樂하야

성읍내외개충만
城邑內外皆充滿이니라

본이미묘기악음
本以微妙妓樂音과

중향묘화당개등
衆香妙華幢蓋等으로

종종장엄공양불
種種莊嚴供養佛일새

시고득성차광명
是故得成此光明이니라

인간과 천신의 묘한 향으로 땅에 발라서
일체 가장 수승한 주인에게 공양올리고
또한 탑과 불상을 조성하니
이런 까닭에 이 광명을 이루었도다.

또 광명을 놓으니 이름이 잡장엄이라
보배깃대와 깃발과 일산이 한량없으며
향을 사르고 꽃을 뿌리고 온갖 음악을 연주하여
도성과 고을의 안과 밖에 다 충만하도다.

본래 미묘한 기악음과
온갖 향과 묘한 꽃과 깃대와 일산 등
갖가지 장엄으로 부처님께 공양올리니
이런 까닭에 이 광명을 이루었도다.

우방광명명엄결
又放光明名嚴潔이니

영지평탄유여장
令地平坦猶如掌하야

장엄불탑급기처
莊嚴佛塔及其處일새

시고득성차광명
是故得成此光明이니라

우방광명명대운
又放光明名大雲이니

능기향운우향수
能起香雲雨香水하야

이수쇄탑급정원
以水灑塔及庭院일새

시고득성차광명
是故得成此光明이니라

우방광명명엄구
又放光明名嚴具니

영라형자득상복
令裸形者得上服이라

엄신묘물이위시
嚴身妙物而爲施일새

시고득성차광명
是故得成此光明이니라

또 광명을 놓으니 이름이 엄결이라
땅이 평탄하기가 마치 손바닥 같게 하여서
부처님 탑과 그곳을 장엄하니
이런 까닭에 이 광명을 이루었도다.

또 광명을 놓으니 이름이 대운이라
능히 향기구름을 일으켜 향수를 비내려서
물로 탑과 정원을 깨끗하게 하니
이런 까닭에 이 광명을 이루었도다.

또 광명을 놓으니 이름이 엄구라
헐벗은 이로 하여금 좋은 옷을 얻게 하며
몸을 장엄하는 미묘한 물건을 보시하니
이런 까닭에 이 광명을 이루었도다.

우방광명명상미
又放光明名上味니

능령기자획미식
能令飢者獲美食이라

종종진찬이위시
種種珍饌而爲施일새

시고득성차광명
是故得成此光明이니라

우방광명명대재
又放光明名大財니

영빈핍자획보장
令貧乏者獲寶藏이라

이무진물시삼보
以無盡物施三寶일새

시고득성차광명
是故得成此光明이니라

우방광명안청정
又放光名眼淸淨이니

능령맹자견중색
能令盲者見衆色이라

이등시불급불탑
以燈施佛及佛塔일새

시고득성차광명
是故得成此光明이니라

또 광명을 놓으니 이름이 상미라

능히 배고픈 이로 하여금 좋은 음식을 얻게 하며

갖가지 진수성찬을 보시하니

이런 까닭에 이 광명을 이루었도다.

또 광명을 놓으니 이름이 대재라

가난하고 궁핍한 이로 하여금 보배창고를 얻게 하며

다함없는 물건으로 삼보께 보시하니

이런 까닭에 이 광명을 이루었도다.

또 광명을 놓으니 이름이 안청정이라

능히 눈먼 이로 하여금 온갖 빛깔을 보게 하며

등으로 부처님과 불탑에 보시하니

이런 까닭에 이 광명을 이루었도다.

우방광명이청정
又放光名耳淸淨이니

능령롱자실선청
能令聾者悉善聽이라

고악오불급불탑
鼓樂娛佛及佛塔일새

시고득성차광명
是故得成此光明이니라

우방광명비청정
又放光名鼻淸淨이니

석미문향개득문
昔未聞香皆得聞이라

이향시불급불탑
以香施佛及佛塔일새

시고득성차광명
是故得成此光明이니라

우방광명설청정
又放光名舌淸淨이니

능이미음칭찬불
能以美音稱讚佛이라

영제추악불선어
永除麁惡不善語일새

시고득성차광명
是故得成此光明이니라

또 광명을 놓으니 이름이 이청정이라
능히 귀먹은 이로 하여금 모두 잘 듣게 하며
부처님과 불탑에 악기를 연주하여 즐겁게 하니
이런 까닭에 이 광명을 이루었도다.

또 광명을 놓으니 이름이 비청정이라
예전에 맡지 못하던 향기를 다 맡게 하며
향으로 부처님과 불탑에 보시하니
이런 까닭에 이 광명을 이루었도다.

또 광명을 놓으니 이름이 설청정이라
능히 아름다운 음성으로 부처님을 칭찬하게 하며
추악하여 좋지 않은 말을 길이 없애니
이런 까닭에 이 광명을 이루었도다.

우방광명신청정
又放光名身淸淨이니

제근결자영구족
諸根缺者令具足이라

이신예불급불탑
以身禮佛及佛塔일새

시고득성차광명
是故得成此光明이니라

우방광명의청정
又放光名意淸淨이니

영실심자득정념
令失心者得正念이라

수행삼매실자재
修行三昧悉自在일새

시고득성차광명
是故得成此光明이니라

우방광명색청정
又放光名色淸淨이니

영견난사제불색
令見難思諸佛色이라

이중묘색장엄탑
以衆妙色莊嚴塔일새

시고득성차광명
是故得成此光明이니라

또 광명을 놓으니 이름이 신청정이라

모든 근이 결핍된 자를 구족하게 하며

몸으로 부처님과 불탑에 예배하니

이런 까닭에 이 광명을 이루었도다.

또 광명을 놓으니 이름이 의청정이라

마음을 잃은 이로 하여금 바른 생각을 얻게 하며

삼매를 수행하여 모두 자재하니

이런 까닭에 이 광명을 이루었도다.

또 광명을 놓으니 이름이 색청정이라

생각하기 어려운 모든 부처님의 색상을 보게 하며

온갖 미묘한 빛깔로 탑을 장엄하니

이런 까닭에 이 광명을 이루었도다.

우방광명성청정
又放光名聲淸淨이니

영지성성본공적
令知聲性本空寂이라

관성연기여곡향
觀聲緣起如谷響일새

시고득성차광명
是故得成此光明이니라

우방광명향청정
又放光名香淸淨이니

영제취예실향결
令諸臭穢悉香潔이라

향수세탑보리수
香水洗塔菩提樹일새

시고득성차광명
是故得成此光明이니라

우방광명미청정
又放光名味淸淨이니

능제일체미중독
能除一切味中毒이라

항공불승급부모
恒供佛僧及父母일새

시고득성차광명
是故得成此光明이니라

또 광명을 놓으니 이름이 성청정이라
소리의 성품이 본래 공적함을 알게 하며
소리의 연기가 골짜기의 메아리와 같음을 관하니
이런 까닭에 이 광명을 이루었도다.

또 광명을 놓으니 이름이 향청정이라
모든 더러운 냄새를 다 향기롭고 깨끗하게 하며
향수로 탑과 보리수를 씻으니
이런 까닭에 이 광명을 이루었도다.

또 광명을 놓으니 이름이 미청정이라
능히 일체 맛 가운데 독을 제거하며
항상 부처님과 스님과 부모에게 공양올리니
이런 까닭에 이 광명을 이루었도다.

우방광명촉청정
又放光名觸淸淨이니

능령악촉개유연
能令惡觸皆柔輭이라

과연검극종공우
戈鋋劍戟從空雨라도

개령변작묘화만
皆令變作妙華鬘이니라

이석증어도로중
以昔曾於道路中에

도향산화포의복
塗香散華布衣服하야

영송여래영도상
迎送如來令蹈上일새

시고금획광여시
是故今獲光如是니라

우방광명법청정
又放光名法淸淨이니

능령일체제모공
能令一切諸毛孔으로

실연묘법부사의
悉演妙法不思議하야

중생청자함흔오
衆生聽者咸欣悟니라

또 광명을 놓으니 이름이 촉청정이라

능히 나쁜 촉감을 다 유연하게 하며

창과 칼이 허공에서 비내리듯 하여도

모두 변화시켜 미묘한 꽃다발이 되게 하도다.

옛적에 일찍이 도로 가운데서

향을 바르고 꽃을 뿌리고 의복을 펴서

여래를 맞이하고 보낼 때 그 위를 밟으시게 했으니

이런 까닭에 광명이 이와 같음을 지금 얻도다.

또 광명을 놓으니 이름이 법청정이라

능히 일체 모든 모공으로 하여금

다 부사의한 묘한 법을 연설하여

듣는 중생들이 모두 기뻐하며 깨닫게 하도다.

인연소생무유생
因緣所生無有生이며

제불법신비시신
諸佛法身非是身이며

법성상주여허공
法性常住如虛空이니

이설기의광여시
以說其義光如是니라

여시등비광명문
如是等比光明門이

여항하사무한수
如恒河沙無限數라

실종대선모공출
悉從大仙毛孔出하야

일일작업각차별
一一作業各差別이니라

여일모공소방광
如一毛孔所放光이

무량무수여항사
無量無數如恒沙어든

일체모공실역연
一切毛孔悉亦然하니

차시대선삼매력
此是大仙三昧力이니라

인연으로 나는 것은 남이 아니고
모든 부처님의 법신은 몸이 아니며
법성이 상주함이 허공과 같으니
그 이치를 설하므로 광명이 이와 같도다.

이와 같은 종류의 광명문들이
항하의 모래처럼 그 수가 한량없음이라
모두 큰 선인의 모공을 좇아 나와서
낱낱이 업을 지으니 각각 차별하도다.

한 모공에서 놓은 광명이
한량없고 셀 수 없어 항하의 모래 수와 같은데
일체 모공도 다 또한 그러하니
이것은 큰 선인의 삼매의 힘이로다.

여기본행소득광
如其本行所得光이

수피숙연동행자
隨彼宿緣同行者하야

금방광명고여시
今放光明故如是하니

차시대선지자재
此是大仙智自在니라

왕석동수어복업
往昔同修於福業하며

급유애락능수희
及有愛樂能隨喜하며

견기소작역부연
見其所作亦復然일새

피어차광함득견
彼於此光咸得見이니라

약유자수중복업
若有自修衆福業하며

공양제불무앙수
供養諸佛無央數하며

어불공덕상원구
於佛功德常願求하면

시차광명소개각
是此光明所開覺이니라

그 본래 행한 대로 얻은 광명이
그 숙세의 인연과 함께 행한 이를 따라서
이제 광명을 놓은 까닭에 이와 같으니
이것은 큰 선인의 지혜가 자재함이로다.

지난 옛적에 복업을 함께 닦으며
사랑하고 즐거워하고 능히 따라 기뻐하며
그 지은 바를 보는 것도 또한 다시 그러하니
그들이 이 광명에서 모두 볼 수 있도다.

만약 온갖 복업을 스스로 닦으며
한량없는 모든 부처님께 공양올리며
부처님의 공덕을 항상 원하고 구함이 있으면
이것이 이 광명의 열어 깨우치는 바이니라.

비여생맹불견일
譬如生盲不見日이나

비위무일출세간
非爲無日出世間이니

제유목자실명견
諸有目者悉明見하야

각수소무수기업
各隨所務修其業이니라

대사광명역여시
大士光明亦如是하야

유지혜자개실견
有智慧者皆悉見이요

범부사신열해인
凡夫邪信劣解人은

어차광명막능도
於此光明莫能覩니라

마니궁전급연승
摩尼宮殿及輦乘을

묘보령향이도영
妙寶靈香以塗瑩이라

유복덕자자연비
有福德者自然備요

비무덕자소능처
非無德者所能處니라

비유하면 날 때부터 눈먼 이가 해를 보지 못하나
세간에 해가 뜸이 없는 것이 아니니
모든 눈 있는 이들은 다 밝게 보아서
각각 힘쓰는 바를 따라 그 업을 닦는 것과 같으니라.

대사의 광명도 또한 이와 같아서
지혜가 있는 이들은 모두 다 보지만
범부와 삿되게 믿는 이와 소견 좁은 이들은
이 광명을 능히 보지 못하니라.

마니로 된 궁전과 연 수레를
미묘한 보배와 신령스런 향수로 발라 빛나게 하니
복덕이 있는 이는 자연히 갖출 것이고
복덕이 없는 이는 능히 머무를 곳이 아니니라.

대사광명역여시
大士光明亦如是하야

유심지자함조촉
有深智者咸照觸이어니와

사신열해범우인
邪信劣解凡愚人은

무유능견차광명
無有能見此光明이니라

약유문차광차별
若有聞此光差別하고

능생청정심신해
能生淸淨深信解하면

영단일체제의망
永斷一切諸疑網하야

속성무상공덕당
速成無上功德幢이니라

유승삼매능출현
有勝三昧能出現하니

권속장엄개자재
眷屬莊嚴皆自在라

일체시방제국토
一切十方諸國土에

불자중회무륜필
佛子衆會無倫匹이니라

대사의 광명도 또한 이와 같아서
깊은 지혜가 있는 이는 다 비추지만
삿된 믿음과 소견 좁은 범부와 어리석은 이는
이 광명을 능히 보지 못하리라.

만약 어떤 이가 이 광명의 차별을 듣고
능히 청정하고 깊은 믿음과 이해를 내면
일체 모든 의심의 그물을 영원히 끊고
속히 위없는 공덕의 깃대를 이루리라.

수승한 삼매가 있으니 능출현이라
권속과 장엄이 모두 자재하여
일체의 시방 모든 국토에
불자들의 대중모임에 짝할 것이 없도다.

유묘연화광장엄
有妙蓮華光莊嚴호대

양등삼천대천계
量等三千大千界어든

기신단좌실충만
其身端坐悉充滿하니

시차삼매신통력
是此三昧神通力이니라

부유십찰미진수
復有十刹微塵數인

묘호연화소위요
妙好蓮華所圍遶어든

제불자중어중좌
諸佛子衆於中坐하니

주차삼매위신력
住此三昧威神力이니라

숙세성취선인연
宿世成就善因緣하고

구족수행불공덕
具足修行佛功德한

차등중생요보살
此等衆生遶菩薩하야

실공합장관무염
悉共合掌觀無厭이니라

묘한 연꽃이 있어 광명으로 장엄하되
양이 삼천대천세계와 같은데
그 몸이 단정히 앉아 다 충만하니
이것이 이 삼매의 신통력이로다.

다시 열 세계 미진수의
미묘하게 아름다운 연꽃이 둘러싸고 있는데
모든 불자 대중들이 그 가운데 앉았으니
이 삼매에 머무른 위신력이로다.

지난 세상에 좋은 인연을 성취하고
부처님의 공덕을 구족하게 수행한
이러한 중생들이 보살을 둘러싸고
다함께 합장하여 즐겨보도다.

비여명월재성중
譬如明月在星中하야

보살처중역부연
菩薩處衆亦復然이라

대사소행법여시
大士所行法如是하니

입차삼매위신력
入此三昧威神力이니라

여어일방소시현
如於一方所示現에

제불자중공위요
諸佛子衆共圍遶하야

일체방중실여시
一切方中悉如是하니

주차삼매위신력
住此三昧威神力이니라

유승삼매명방망
有勝三昧名方網이니

보살주차광개시
菩薩住此廣開示하야

일체방중보현신
一切方中普現身호대

혹현입정혹종출
或現入定或從出이니라

마치 밝은 달이 별 가운데 있는 것과 같이
보살이 대중 가운데 있는 것도 또한 다시 그러하며
대사의 행하는 바 법도 이와 같으니
이 삼매에 들어간 위신력이로다.

하나의 방소에서 나타내 보인 것에
모든 불자 대중들이 함께 둘러싸고 있듯이
일체 방소에서도 모두 그러하니
이 삼매에 머무른 위신력이로다.

수승한 삼매가 있으니 이름이 방망이라
보살이 여기에 머물러 널리 열어 보여서
일체 방위 가운데 널리 몸을 나타내되
혹은 정에 들어가고 혹은 정에서 나옴을 나타내도다.

혹어동방입정정
或於東方入正定하야

이어서방종정출
而於西方從定出하고

혹어서방입정정
或於西方入正定하야

이어동방종정출
而於東方從定出하며

혹어여방입정정
或於餘方入正定하야

이어여방종정출
而於餘方從定出하니

여시입출변시방
如是入出徧十方이

시명보살삼매력
是名菩薩三昧力이니라

진어동방제국토
盡於東方諸國土의

소유여래무수량
所有如來無數量이어든

실현기전보친근
悉現其前普親近하야

주어삼매적부동
住於三昧寂不動하며

혹은 동방에서 바른 정에 들어가
서방에서 정으로 좇아 나오며
혹은 서방에서 바른 정에 들어가
동방에서 정으로 좇아 나오도다.

혹은 나머지 방위에서 바른 정에 들어가
나머지 방위에서 정으로 좇아 나오며
이와 같이 들어가고 나옴이 시방에 두루하니
이 이름이 보살의 삼매력이로다.

동방으로 끝까지 모든 국토에
계시는 여래께서 한량없으신데
그 앞에 다 나타나 널리 친근하여
삼매에 머물러서 고요히 움직이지 않도다.

이어서방제세계
而於西方諸世界의

일체제불여래소
一切諸佛如來所에

개현종어삼매기
皆現從於三昧起하야

광수무량제공양
廣修無量諸供養이로다

진어서방제국토
盡於西方諸國土의

소유여래무수량
所有如來無數量이어든

실현기전보친근
悉現其前普親近하야

주어삼매적부동
住於三昧寂不動하며

이어동방제세계
而於東方諸世界의

일체제불여래소
一切諸佛如來所에

개현종어삼매기
皆現從於三昧起하야

광수무량제공양
廣修無量諸供養이로다

서방의 모든 세계의

일체 모든 부처님 여래의 처소에서

삼매로 좇아 일어나서

한량없는 모든 공양을 널리 닦음을 다 나타내도다.

서방으로 끝까지 모든 국토에

계시는 부처님께서 한량없으신데

그 앞에 다 나타나서 널리 친근하여

삼매에 머물러서 고요히 움직이지 않도다.

동방의 모든 세계의

일체 모든 부처님 여래의 처소에서

삼매로 좇아 일어나서

한량없는 모든 공양을 널리 닦음을 다 나타내도다.

여시시방제세계
如是十方諸世界에

보살실입무유여
菩薩悉入無有餘하야

혹현삼매적부동
或現三昧寂不動하고

혹현공경공양불
或現恭敬供養佛이니라

어안근중입정정
於眼根中入正定하고

어색진중종정출
於色塵中從定出하야

시현색성부사의
示現色性不思議하니

일체천인막능지
一切天人莫能知니라

어색진중입정정
於色塵中入正定하고

어안기정심불란
於眼起定心不亂하야

설안무생무유기
說眼無生無有起라

성공적멸무소작
性空寂滅無所作이니라

이와 같이 시방의 모든 세계에
보살들이 남김 없이 다 들어가서
혹은 삼매에서 고요히 움직이지 않음을 나타내고
혹은 부처님께 공경하고 공양올림을 나타내도다.

안근 가운데서 바른 정에 들어가
색진 가운데서 정으로 좇아 나와서
색의 성품이 부사의함을 나타내 보이니
일체 천신과 사람이 능히 알 수 없느니라.

색진 가운데서 바른 정에 들어가
안근에서 정으로부터 일어나도 마음이 산란하지 않으니
안근은 생겨남도 없고 일어남도 없어서
성품이 공하고 적멸하여 짓는 바가 없음을 설하니라.

어이근중입정정
於耳根中入正定하고

어성진중종정출
於聲塵中從定出하야

분별일체어언음
分別一切語言音하니

제천세인막능지
諸天世人莫能知니라

어성진중입정정
於聲塵中入正定하고

어이기정심불란
於耳起定心不亂하야

설이무생무유기
說耳無生無有起라

성공적멸무소작
性空寂滅無所作이니라

어비근중입정정
於鼻根中入正定하고

어향진중종정출
於香塵中從定出하야

보득일체상묘향
普得一切上妙香하니

제천세인막능지
諸天世人莫能知니라

이근 가운데서 바른 정에 들어가
성진 가운데서 정으로 좇아 나오며
일체 말과 음성을 분별하니
모든 천신과 세상 사람들이 능히 알지 못하니라.

성진 가운데서 바른 정에 들어가
이근에서 정으로부터 일어나도 마음이 산란하지 않으니
이근은 생겨남도 없고 일어남도 없어서
성품이 공하고 적멸하여 짓는 바가 없음을 설하니라.

비근 가운데서 바른 정에 들어가
향진 가운데서 정으로 좇아 나오며
일체 가장 미묘한 향을 널리 얻으나
모든 천신과 세상 사람들이 능히 알지 못하니라.

어향진중입정정
於香塵中入正定하고

어비기정심불란
於鼻起定心不亂하야

설비무생무유기
說鼻無生無有起라

성공적멸무소작
性空寂滅無所作이니라

어설근중입정정
於舌根中入正定하고

어미진중종정출
於味塵中從定出하야

보득일체제상미
普得一切諸上味하니

제천세인막능지
諸天世人莫能知니라

어미진중입정정
於味塵中入正定하고

어설기정심불란
於舌起定心不亂하야

설설무생무유기
說舌無生無有起라

성공적멸무소작
性空寂滅無所作이니라

향진 가운데서 바른 정에 들어가

비근에서 정으로부터 일어나도 마음이 산란하지 않으니

비근은 생겨남도 없고 일어남도 없어서

성품이 공하고 적멸하여 짓는 바가 없음을 설하니라.

설근 가운데서 바른 정에 들어가

미진 가운데서 정으로 좇아 나오며

일체 모든 좋은 맛을 널리 얻으나

모든 천신과 세상 사람들이 능히 알지 못하니라.

미진 가운데서 바른 정에 들어가

설근에서 정으로부터 일어나도 마음이 산란하지 않으니

설근은 생겨남도 없고 일어남도 없어서

성품이 공하고 적멸하여 짓는 바가 없음을 설하니라.

어신근중입정정
於身根中入正定하고

어촉진중종정출
於觸塵中從定出하야

선능분별일체촉
善能分別一切觸하니

제천세인막능지
諸天世人莫能知니라

어촉진중입정정
於觸塵中入正定하고

어신기정심불란
於身起定心不亂하야

설신무생무유기
說身無生無有起라

성공적멸무소작
性空寂滅無所作이니라

어의근중입정정
於意根中入正定하고

어법진중종정출
於法塵中從定出하야

분별일체제법상
分別一切諸法相하니

제천세인막능지
諸天世人莫能知니라

신근 가운데서 바른 정에 들어가

촉진 가운데서 정으로 좇아 나오며

일체 촉을 잘 능히 분별하니

모든 천신과 세상 사람들이 능히 알지 못하니라.

촉진 가운데서 바른 정에 들어가

신근에서 정으로부터 일어나도 마음이 산란하지 않으니

신근은 생겨남도 없고 일어남도 없어서

성품이 공하고 적멸하여 짓는 바가 없음을 설하니라.

의근 가운데서 바른 정에 들어가

법진 가운데서 정으로 좇아 나오며

일체 모든 법의 모양을 분별하니

모든 천신과 세상 사람들이 능히 알지 못하니라.

어 법 진 중 입 정 정
於法塵中入正定하고

종 의 기 정 심 불 란
從意起定心不亂하야

설 의 무 생 무 유 기
說意無生無有起라

성 공 적 멸 무 소 작
性空寂滅無所作이니라

동 자 신 중 입 정 정
童子身中入正定하야

장 년 신 중 종 정 출
壯年身中從定出하고

장 년 신 중 입 정 정
壯年身中入正定하야

노 년 신 중 종 정 출
老年身中從定出하며

노 년 신 중 입 정 정
老年身中入正定하야

선 녀 신 중 종 정 출
善女身中從定出하고

선 녀 신 중 입 정 정
善女身中入正定하야

선 남 신 중 종 정 출
善男身中從定出하며

법진 가운데서 바른 정에 들어가

의근을 좇아 정에서 일어나도 마음이 산란하지 않으니

의근은 생겨남도 없고 일어남도 없어서

성품이 공하고 적멸하여 짓는 바가 없음을 설하니라.

동자의 몸 가운데서 바른 정에 들어가

장년의 몸 가운데서 정으로 좇아 나오고

장년의 몸 가운데서 바른 정에 들어가

노년의 몸 가운데서 정으로 좇아 나오며

노년의 몸 가운데서 바른 정에 들어가

선여인의 몸 가운데서 정으로 좇아 나오고

선여인의 몸 가운데서 바른 정에 들어가

선남자의 몸 가운데서 정으로 좇아 나오며

선남신중입정정
善男身中入正定하야

비구니신종정출
比丘尼身從定出하고

비구니신입정정
比丘尼身入正定하야

비구신중종정출
比丘身中從定出하며

비구신중입정정
比丘身中入正定하야

학무학신종정출
學無學身從定出하고

학무학신입정정
學無學身入正定하야

벽지불신종정출
辟支佛身從定出하며

벽지불신입정정
辟支佛身入正定하야

현여래신종정출
現如來身從定出하고

어여래신입정정
於如來身入正定하야

제천신중종정출
諸天身中從定出하며

선남자의 몸 가운데서 바른 정에 들어가
비구니의 몸에서 정으로 좇아 나오고
비구니의 몸에서 바른 정에 들어가
비구의 몸 가운데서 정으로 좇아 나오며

비구의 몸 가운데서 바른 정에 들어가
학과 무학의 몸에서 정으로 좇아 나오고
학과 무학의 몸에서 바른 정에 들어가
벽지불의 몸에서 정으로 좇아 나오며

벽지불의 몸에서 바른 정에 들어가
여래를 나타낸 몸에서 정으로 좇아 나오고
여래의 몸에서 바른 정에 들어가
모든 천신의 몸 가운데서 정으로 좇아 나오며

제천신중입정정
諸天身中入正定하야

대룡신중종정출
大龍身中從定出하고

대룡신중입정정
大龍身中入正定하야

야차신중종정출
夜叉身中從定出하며

야차신중입정정
夜叉身中入正定하야

귀신신중종정출
鬼神身中從定出하고

귀신신중입정정
鬼神身中入正定하야

일모공중종정출
一毛孔中從定出하며

일모공중입정정
一毛孔中入正定하야

일체모공종정출
一切毛孔從定出하고

일체모공입정정
一切毛孔入正定하야

일모단두종정출
一毛端頭從定出하며

모든 천신의 몸 가운데서 바른 정에 들어가

큰 용의 몸 가운데서 정으로 좇아 나오고

큰 용의 몸 가운데서 바른 정에 들어가

야차의 몸 가운데서 정으로 좇아 나오며

야차의 몸 가운데서 바른 정에 들어가

귀신의 몸 가운데서 정으로 좇아 나오고

귀신의 몸 가운데서 바른 정에 들어가

한 모공 가운데서 정으로 좇아 나오며

한 모공 가운데서 바른 정에 들어가

일체 모공에서 정으로 좇아 나오고

일체 모공에서 바른 정에 들어가

한 털끝에서 정으로 좇아 나오며

일모단두입정정
一毛端頭入正定_{하야}

일미진중종정출
一微塵中從定出_{하고}

일미진중입정정
一微塵中入正定_{하야}

일체진중종정출
一切塵中從定出_{하니라}

일체진중입정정
一切塵中入正定_{하야}

금강지중종정출
金剛地中從定出_{하고}

금강지중입정정
金剛地中入正定_{하야}

마니수상종정출
摩尼樹上從定出_{하며}

마니수상입정정
摩尼樹上入正定_{하야}

불광명중종정출
佛光明中從定出_{하고}

불광명중입정정
佛光明中入正定_{하야}

어하해중종정출
於河海中從定出_{하며}

한 털끝에서 바른 정에 들어가
한 미진 가운데서 정으로 좇아 나오고
한 미진 가운데서 바른 정에 들어가
일체 티끌 가운데서 정으로 좇아 나오니라.

일체 티끌 가운데서 바른 정에 들어가
금강지 가운데서 정으로 좇아 나오고
금강지 가운데서 바른 정에 들어가
마니나무 위에서 정으로 좇아 나오며

마니나무 위에서 바른 정에 들어가
부처님 광명 가운데서 정으로 좇아 나오고
부처님 광명 가운데서 바른 정에 들어가
강과 바다 가운데서 정으로 좇아 나오며

어하해중입정정
於河海中入正定하야

어화대중종정출
於火大中從定出하고

어화대중입정정
於火大中入正定하야

어풍기정심불란
於風起定心不亂하며

어풍대중입정정
於風大中入正定하야

어지대중종정출
於地大中從定出하고

어지대중입정정
於地大中入正定하야

어천궁전종정출
於天宮殿從定出하며

어천궁전입정정
於天宮殿入正定하야

어공기정심불란
於空起定心不亂이니라

강과 바다 가운데서 바른 정에 들어가

화대 가운데서 정으로 좇아 나오고

화대 가운데서 바른 정에 들어가

풍대에서 정으로부터 일어나도 마음이 산란하지 않으며

풍대 가운데서 바른 정에 들어가

지대 가운데서 정으로 좇아 나오고

지대 가운데서 바른 정에 들어가

하늘궁전에서 정으로 좇아 나오며

하늘궁전에서 바른 정에 들어가

허공에서 정으로부터 일어나도 마음이 산란하지 않느니라.

시명무량공덕자
是名無量功德者의

삼매자재난사의
三昧自在難思議니

시방일체제여래
十方一切諸如來가

어무량겁설부진
於無量劫說不盡이니라

일체여래함공설
一切如來咸共說하사대

중생업보난사의
衆生業報難思議며

제룡변화불자재
諸龍變化佛自在와

보살신력역난사
菩薩神力亦難思니라

욕이비유이현시
欲以譬諭而顯示인댄

종무유유능유차
終無有諭能諭此어니와

연제지혜총달인
然諸智慧聰達人은

인어비고해기의
因於譬故解其義니라

이 이름이 한량없는 공덕자의
삼매가 자재하여 사의하기 어려움이니
시방의 일체 모든 여래께서
한량없는 겁 동안 설하셔도 다함이 없느니라.

일체 여래께서 다함께 설하시되
중생의 업보는 사의하기 어려우며
모든 용왕들의 변화와 부처님의 자재하심과
보살의 신력도 또한 헤아리기 어려우니라.

비유로 나타내 보이려하되
마침내 능히 이것을 비유할 비유가 없거니와
그러나 모든 지혜 있고 총명하여 달통한 사람은
비유를 말미암은 까닭에 그 뜻을 아느니라.

성문심주팔해탈
聲聞心住八解脫하야

소유변현개자재
所有變現皆自在라

능이일신현다신
能以一身現多身하고

부이다신위일신
復以多身爲一身하며

어허공중입화정
於虛空中入火定하고

행주좌와실재공
行住坐臥悉在空하며

신상출수신하화
身上出水身下火와

신상출화신하수
身上出火身下水라

여시개어일념중
如是皆於一念中에

종종자재무변량
種種自在無邊量하니

피불구족대자비
彼不具足大慈悲하야

불위중생구불도
不爲衆生求佛道호대

성문은 마음이 팔해탈에 머물러서
있는 바의 변화하여 나타냄이 모두 자재하여
능히 한 몸으로써 많은 몸을 나타내고
다시 많은 몸으로써 한 몸이 되게 하며

허공 가운데서 화정에 들어가며
가고 머무르고 앉고 누움이 다 허공에 있으면서
몸 위에서는 물을 뿜고 몸 아래에서는 불을 뿜으며
몸 위에서는 불을 뿜고 몸 아래에서는 물을 뿜음이라

이와 같이 모두 한 생각 가운데서
갖가지로 자재하여 한량없으니
그들은 큰 자비를 구족하지 못하여
중생들을 위해 불도를 구하지 아니하되

상능현차난사사
尙能現此難思事어든

황대요익자재력
況大饒益自在力가

비여일월유허공
譬如日月遊虛空에

영상보변어시방
影像普徧於十方이라

천지피택기중수
泉池陂澤器中水와

중보하해미불현
衆寶河海靡不現인달하야

보살색상역부연
菩薩色像亦復然하야

시방보현부사의
十方普現不思議라

차개삼매자재법
此皆三昧自在法이니

유유여래능증료
唯有如來能證了니라

오히려 이러한 사의하기 어려운 일을 능히 나타내는데

하물며 큰 요익의 자재한 힘이리오.

비유하면 해와 달이 허공에 떠 있음에

영상이 시방에 널리 두루하여

샘과 못과 큰 못과 그릇 속의 물과

온갖 보배강과 바다에 나타나지 않음이 없듯이

보살의 색상도 또한 다시 그러하여

시방에 널리 나타남이 부사의하니

이것은 모두 삼매의 자재한 법이라

오직 여래만이 능히 증득해 아시도다.

여정수중사병상
如淨水中四兵像이

각각별이무교잡
各各別異無交雜이라

검극호시류심다
劍戟弧矢類甚多요

개주거여비일종
鎧胄車輿非一種이어든

수기소유상차별
隨其所有相差別하야

막불개어수중현
莫不皆於水中現호대

이수본자무분별
而水本自無分別인달하야

보살삼매역여시
菩薩三昧亦如是니라

해중유신명선음
海中有神名善音이니

기음보순해중생
其音普順海衆生이라

소유어언개변료
所有語言皆辯了하야

영피일체실환열
令彼一切悉歡悅하나니

마치 깨끗한 물에 비친 네 종류 병정의 형상이
각각 달라 서로 섞이지 않는지라
칼과 창과 활과 화살의 종류가 매우 많고
갑옷과 투구와 수레가 한 종류가 아니라

그 있는 바 모양의 차별을 따라서
다 물 가운데 나타내지 않음이 없되
물은 본래 스스로 분별함이 없듯이
보살의 삼매도 또한 이와 같으니라.

바다 가운데 신이 있으니 이름이 선음이라
그 소리가 바다 중생들을 널리 수순하여
가지고 있는 언어들을 모두 잘 말하여
그 일체로 하여금 다 기쁘게 하도다.

피신구유탐에치
彼神具有貪恚癡호대

유능선해일체음
猶能善解一切音이어든

황부총지자재력
況復摠持自在力이

이불능령중환희
而不能令衆歡喜아

유일부인명변재
有一婦人名辯才니

부모구천이득생
父母求天而得生이라

약유리악요진실
若有離惡樂眞實이면

입피신중생묘변
入彼身中生妙辯하나니

피유탐욕진에치
彼有貪欲瞋恚癡호대

유능수행여변재
猶能隨行與辯才어든

하황보살구지혜
何況菩薩具智慧하고

이불능여중생익
而不能與衆生益가

그 신은 탐욕과 성냄과 어리석음이 갖추어져 있으나
오히려 능히 일체 소리를 잘 아는데
하물며 다시 모두를 지녀 자재한 힘이
능히 중생들을 기쁘게 하지 못하리오.

한 부인이 있어 이름이 변재이니
부모가 하늘에 구하여 낳은지라
만약 악을 여의고 진실을 좋아하는 이가 있으면
그 몸에 들어가서 묘한 변재를 내느니라.

그 부인은 탐욕과 성냄과 어리석음이 있으나
오히려 능히 행을 따라 변재를 주는데
어찌 하물며 보살이 지혜를 갖추고
능히 중생들에게 이익을 주지 못하리오.

비여환사지환법
譬如幻師知幻法하야

능현종종무량사
能現種種無量事라

수유시작일월세
須臾示作日月歲와

성읍풍요대안락
城邑豊饒大安樂하나니

환사구유탐에치
幻師具有貪恚癡호대

유능환력열세간
猶能幻力悅世間이어든

황부선정해탈력
況復禪定解脫力이

이불능령중환희
而不能令衆歡喜리오

천아수라투전시
天阿脩羅鬪戰時에

수라패뉵이퇴주
脩羅敗衄而退走하면

병장거여급도려
兵仗車輿及徒旅를

일시찬익막득견
一時竄匿莫得見하나니

비유하면 마술사가 환법을 알아서
능히 갖가지 한량없는 일을 나타내되
잠깐 동안에 오랜 세월과 도성과 고을이
풍요하여 크게 안락함을 지어 보임과 같으니라.

마술사는 탐욕과 성냄과 어리석음이 갖추어져 있으나
오히려 환술의 힘으로 세간을 기쁘게 하는데
하물며 다시 선정과 해탈의 힘이
능히 중생들을 기쁘게 하지 못하리오.

천신과 아수라가 전쟁을 할 때
아수라가 패하여 달아나면
병장기와 수레와 군대들이
일시에 숨어버려 볼 수 없느니라.

피유탐욕진에치
彼有貪欲瞋恚癡호대

상능변화부사의
尙能變化不思議어든

황주신통무외법
況住神通無畏法하야

운하불능현자재
云何不能現自在리오

석제환인유상왕
釋提桓因有象王하니

피지천주욕행시
彼知天主欲行時하야

자화작두삼십삼
自化作頭三十三호대

일일육아개구족
一一六牙皆具足하며

일일아상칠지수
一一牙上七池水가

청정향결담연만
清淨香潔湛然滿하고

일일청정지수중
一一清淨池水中에

각칠연화묘엄식
各七蓮華妙嚴飾이어든

그들은 탐욕과 성냄과 어리석음이 있으나
오히려 능히 변화함이 부사의한데
하물며 신통과 두려움 없는 법에 머무르면서
어찌 능히 자재함을 나타내지 못하리오.

석제환인에게 코끼리왕이 있으니
그는 천주가 가고자 하는 때를 알아서
스스로 머리를 서른 셋으로 변화하여 짓되
낱낱이 여섯 상아를 모두 구족하며

낱낱의 상아 위에 일곱 연못의 물이
청정하고 향기롭고 맑게 가득하며
낱낱의 청정한 연못물 가운데
각기 일곱 송이 연꽃이 미묘하게 장식했는데

피제엄식연화상
彼諸嚴飾蓮華上에

각각유칠천옥녀
各各有七天玉女호대

실선기예주중악
悉善技藝奏衆樂하야

이여제석상오락
而與帝釋相娛樂하며

피상혹부사본형
彼象或復捨本形하고

자화기신동제천
自化其身同諸天에

위의진지실제등
威儀進止悉齊等이라

유차변현신통력
有此變現神通力하니

피유탐욕진에치
彼有貪欲瞋恚癡호대

상능현차제신통
尚能現此諸神通이어든

하황구족방편지
何況具足方便智하고

이어제정부자재
而於諸定不自在아

그 모든 장식한 연꽃 위에
각각 일곱 하늘의 옥녀들이 있어
모두 훌륭한 기예로 온갖 음악을 연주하여
제석천왕과 더불어 서로 즐기느니라.

그 코끼리가 혹은 다시 본래의 모습을 버리고
스스로 그 몸을 모든 천신들과 한가지로 변화시키니
위의와 나아가고 그침이 다 가지런히 같은지라
이러한 변화하여 나타내는 신통력을 가졌느니라.

그 코끼리는 탐욕과 성냄과 어리석음이 있으나
오히려 능히 이러한 모든 신통을 나타내는데
어찌 하물며 방편과 지혜를 구족하고
모든 정에 자재하지 못하리오.

여아수라변작신
如阿脩羅變作身이

도금강제해중립
蹈金剛際海中立에

해수지심근기반
海水至深僅其半이요

수공수미정제등
首共須彌正齊等이니

피유탐욕진에치
彼有貪欲瞋恚癡호대

상능현차대신통
尙能現此大神通이어든

황복마원조세등
況伏魔怨照世燈이

이무자재위신력
而無自在威神力가

천아수라공전시
天阿脩羅共戰時에

제석신력난사의
帝釋神力難思議라

수아수라군중수
隨阿脩羅軍衆數하야

현신등피이여적
現身等彼而與敵이어든

아수라가 변화하여 지은 몸이

금강제를 밟고 바다 가운데 서니

바닷물이 지극히 깊어도 겨우 그 반이고

머리는 수미산과 한가지로 가지런히 같으니

그가 탐욕과 성냄과 어리석음이 있으나

오히려 능히 이러한 큰 신통을 나타내는데

하물며 마와 원수를 항복 받은 세상을 비추는 등불이

자재한 위신력이 없으리오.

천신과 아수라가 함께 싸울 때에

제석천신의 신통력을 생각하기 어려우니

아수라 군의 대중 수를 따라서

몸을 그들과 같게 나타내어 대적하는데

제아수라발시념
諸阿脩羅發是念호대

석제환인래향아
釋提桓因來向我하야

필취아신오종박
必取我身五種縛이라하야

유시피중실우췌
由是彼衆悉憂悴하며

제석현신유천안
帝釋現身有千眼하야

수지금강출화염
手持金剛出火燄하고

피갑지장극위엄
被甲持杖極威嚴하야

수라망견함퇴복
脩羅望見咸退伏하나니

피이미소복덕력
彼以微小福德力으로도

유능최파대원적
猶能摧破大怨敵이어든

하황구도일체자
何況救度一切者가

구족공덕부자재
具足功德不自在리오

모든 아수라가 이 생각을 하되
제석환인이 우리를 향하여 오면
반드시 내 몸을 다섯 가지로 결박한다 하여
이로 말미암아 그 대중들이 다 근심하느니라.

제석천신이 몸을 나타내니 천 개의 눈이 있고
손으로 금강저를 가져 불꽃을 내고
갑옷을 입고 창을 든 것이 지극히 위엄 있어
아수라들이 바라보고 다 물러가 항복하니

그는 미미하고 적은 복덕의 힘으로도
오히려 능히 큰 원수와 적을 꺾어 부수는데
어찌 하물며 일체를 제도할 자가
공덕을 구족하여 자재하지 못하리오.

도리천중유천고
忉利天中有天鼓하니

종천업보이생득
從天業報而生得이라

지제천중방일시
知諸天衆放逸時하야

공중자연출차음
空中自然出此音호대

일체오욕실무상
一切五欲悉無常이라

여수취말성허위
如水聚沫性虛僞며

제유여몽여양염
諸有如夢如陽燄이며

역여부운수중월
亦如浮雲水中月이니라

방일위원위고뇌
放逸爲怨爲苦惱라

비감로도생사경
非甘露道生死徑이니

약유작제방일행
若有作諸放逸行이면

입어사멸대어구
入於死滅大魚口니라

도리천 가운데 하늘북이 있으니
하늘의 업보로 좇아 생긴 것이라
모든 하늘 대중들이 방일할 때를 알아서
허공 가운데서 자연히 이 소리를 내느니라.

일체 오욕이 모두 무상함이라
물거품과 같아 성품이 헛된 것이며
모든 것이 꿈과 같고 아지랑이와 같으며
또한 뜬구름과 물속의 달과 같으니라.

방일함은 원수가 되고 고뇌가 되며
감로의 길이 아니고 생사의 길이니
만약 모든 방일한 행을 지으면
죽음이라는 큰 물고기의 입에 들어가리라.

세간소유중고본
世間所有衆苦本을

일체성인개염환
一切聖人皆厭患이라

오욕공덕멸괴성
五欲功德滅壞性이니

여응애락진실법
汝應愛樂眞實法하라하면

삼십삼천문차음
三十三天聞此音하고

실공래승선법당
悉共來昇善法堂이어든

제석위설미묘법
帝釋爲說微妙法하야

함령순적제탐애
咸令順寂除貪愛하나니

피음무형불가견
彼音無形不可見이로대

유능이익제천중
猶能利益諸天衆이어든

황수심락현색신
況隨心樂現色身하고

이부제도제군생
而不濟度諸群生가

세간에 있는 온갖 고통의 근본을
일체 성인이 다 싫어하고 근심하며
오욕은 공덕을 파괴하고 없애는 성품이니
그대들은 마땅히 진실한 법을 사랑하고 즐길지니라.

삼십삼천이 이 소리를 듣고
다함께 선법당에 올라오니
제석천신이 위하여 미묘한 법을 설하여
모두 적멸을 수순하고 탐애를 제거하게 하느니라.

저 소리는 형상이 없어 볼 수 없으나
오히려 능히 모든 하늘 대중들을 이익하게 하거늘
하물며 마음이 즐거함을 따라 색신을 나타내어
모든 군생들을 제도하지 못하리오.

천아수라공투시
天阿脩羅共鬪時에

제천복덕수승력
諸天福德殊勝力으로

천고출음고기중
天鼓出音告其衆호대

여등의응물우포
汝等宜應勿憂怖하라하면

제천문차소고음
諸天聞此所告音하고

실제우외증익력
悉除憂畏增益力일새

시아수라심진구
時阿脩羅心震懼하야

소장병중함퇴주
所將兵衆咸退走하나니

감로묘정여천고
甘露妙定如天鼓하야

항출항마적정음
恒出降魔寂靜音이라

대비애민구일체
大悲哀愍救一切하야

보사중생멸번뇌
普使衆生滅煩惱니라

천신과 아수라가 함께 싸울 때에
모든 천신들의 복덕이 수승한 힘으로
하늘북이 소리를 내어 그 대중들에게 고하되
'그대들은 마땅히 근심하고 두려워하지 말라'고 하니

모든 천신들이 이 고하는 소리를 듣고
근심과 두려움을 다 제거하고 더욱 힘을 더하니
그때에 아수라는 마음이 떨리고 두려워서
거느린 장병들이 다 달아나느니라.

감로의 묘한 선정이 하늘북과 같아서
항상 마군을 항복시키는 고요한 소리를 내어서
대비로 애민히 여겨 일체를 구호하여
널리 중생들에게 번뇌를 멸하게 하느니라.

제석보응제천녀
帝釋普應諸天女의

구십유이나유타
九十有二那由他하야

영피각각심자위
令彼各各心自謂호대

천왕독여아오락
天王獨與我娛樂이라하며

여천녀중신보응
如天女中身普應하야

선법당내역여시
善法堂內亦如是호대

능어일념현신통
能於一念現神通하야

실지기전위설법
悉至其前爲說法하나니

제석구유탐에치
帝釋具有貪恚癡호대

능령권속실환희
能令眷屬悉歡喜어든

황대방편신통력
況大方便神通力이

이불능령일체열
而不能令一切悅가

제석천왕이 널리 구십이 나유타의
모든 천녀들을 응대하여
그들로 하여금 각각 마음속으로
'천왕이 나하고만 즐긴다'고 생각하게 하느니라.

천녀들 가운데 몸이 널리 응대함과 같이
선법당 안에서도 또한 이와 같아서
능히 한 생각에 신통을 나타내어
그 앞에 다 이르러 위하여 법을 설하느니라.

제석천왕이 탐욕과 성냄과 어리석음을 갖추었으나
능히 권속들로 하여금 다 환희하게 하는데
하물며 큰 방편과 신통력이
능히 일체로 하여금 기쁘게 하지 못하리오.

타화자재육천왕
他化自在六天王이

어욕계중득자재
於欲界中得自在일새

이업혹고위견망
以業惑苦爲罥網하야

계박일체제범부
繫縛一切諸凡夫하나니

피유탐욕진에치
彼有貪欲瞋恚癡호대

유어중생득자재
猶於衆生得自在어든

황구십종자재력
況具十種自在力하고

이불능령중동행
而不能令衆同行가

삼천세계대범왕
三千世界大梵王이

일체범천소주처
一切梵天所住處에

실능현신어피좌
悉能現身於彼坐하야

연창미묘범음성
演暢微妙梵音聲하나니

타화자재 여섯 천왕이
욕계 가운데서 자재함을 얻으니
업과 미혹과 고통으로 그물을 삼아
일체 모든 범부들을 속박하느니라.

그는 탐욕과 성냄과 어리석음이 있으나
오히려 중생들에게 자재한데
하물며 열 가지 자재한 힘을 구족하고
능히 대중들로 하여금 같이 행하게 하지 못하리오.

삼천세계의 대범왕이
일체의 범천이 머무르는 곳에
다 능히 몸을 나타내어 그들 앞에 앉아서
미묘한 범음성을 연설하느니라.

피주세간범도중
彼住世間梵道中호대

선정신통상여의
禪定神通尙如意어든

황출세간무유상
況出世間無有上하고

어선해탈부자재
於禪解脫不自在아

마혜수라지자재
摩醯首羅智自在하야

대해용왕강우시
大海龍王降雨時에

실능분별수기적
悉能分別數其滴하야

어일념중개변료
於一念中皆辨了하나니

무량억겁근수학
無量億劫勤修學하야

득시무상보리지
得是無上菩提智어니

운하불어일념중
云何不於一念中에

보지일체중생심
普知一切衆生心가

그가 세간의 범도 가운데 머무르되
선정과 신통이 오히려 뜻과 같거늘
하물며 세간을 벗어나 위가 없으니
선정과 해탈에서 자재하지 않으리오.

마혜수라는 지혜가 자재하여
큰 바다의 용왕이 비를 내릴 때에
그 빗방울을 다 능히 분별하여 헤아려서
한 생각 가운데 다 변별하여 아느니라.

한량없는 억겁에 부지런히 닦고 배워서
위없는 보리 지혜를 얻었으니
어찌 한 생각 가운데
널리 일체 중생의 마음을 알지 못하리오.

중생업보부사의
衆生業報不思議라

이대풍력기세간
以大風力起世間의

거해제산천궁전
巨海諸山天宮殿과

중보광명만물종
衆寶光明萬物種하며

역능흥운강대우
亦能興雲降大雨하고

역능산멸제운기
亦能散滅諸雲氣하며

역능성숙일체곡
亦能成熟一切穀하고

역능안락제군생
亦能安樂諸群生하나니

풍불능학바라밀
風不能學波羅蜜하고

역불학불제공덕
亦不學佛諸功德호대

유성불가사의사
猶成不可思議事어든

하황구족제원자
何況具足諸願者아

중생의 업보가 부사의하여
큰 바람의 힘으로 세간의
큰 바다와 모든 산과 하늘궁전과
온갖 보배광명과 만물 종류들을 일으키며

또한 능히 구름을 일으켜 큰비를 내리고
또한 능히 모든 구름의 기운을 흩어 없애며
또한 능히 일체 곡식을 성숙하게 하고
또한 능히 모든 군생들을 안락하게 하느니라.

바람은 능히 바라밀을 배우지 않고
또한 부처님의 모든 공덕도 배우지 않았으나
오히려 불가사의한 일을 이루는데
어찌 하물며 모든 원을 구족한 자이리오.

남자여인종종성
男子女人種種聲과

일체조수제음성
一切鳥獸諸音聲과

대해천류뇌진성
大海川流雷震聲도

개능칭열중생의
皆能稱悅衆生意어든

황부지성성여향
況復知聲性如響하고

체득무애묘변재
逮得無碍妙辯才하야

보응중생이설법
普應衆生而說法이어니

이불능령세간희
而不能令世間喜아

해유희기수특법
海有希奇殊特法하야

능위일체평등인
能爲一切平等印이라

중생보물급천류
衆生寶物及川流를

보실포용무소거
普悉包容無所拒하나니

남자와 여인의 갖가지 음성과

일체 새와 짐승의 모든 음성과

큰 바다와 내의 흐름과 우레 소리도

다 능히 중생의 뜻에 맞아 기쁘게 하거늘

하물며 다시 소리의 성품이 메아리와 같은 줄 알아서

걸림이 없는 묘한 변재를 얻어

널리 중생에게 응하여 법을 설하니

능히 세간으로 하여금 기쁘게 하지 못하리오.

바다에는 희유하고 기이하고 특수한 법이 있어

능히 일체에 평등한 도장이 됨이라

중생과 보물과 내의 흐름을

널리 다 포용하고 거부함이 없느니라.

무진선정해탈자
無盡禪定解脫者의

위평등인역여시
爲平等印亦如是하야

복덕지혜제묘행
福德智慧諸妙行을

일체보수무염족
一切普修無厭足이니라

대해용왕유희시
大海龍王遊戲時에

보어제처득자재
普於諸處得自在하야

흥운충변사천하
興雲充徧四天下에

기운종종장엄색
其雲種種莊嚴色이라

제육타화자재천
第六他化自在天엔

어피운색여진금
於彼雲色如眞金이며

화락천상적주색
化樂天上赤珠色이요

도솔타천상설색
兜率陀天霜雪色이며

다함없는 선정과 해탈한 이가
평등한 도장이 됨도 또한 이와 같아서
복덕과 지혜와 모든 묘한 행을
일체 널리 닦아 싫어함이 없느니라.

큰 바다의 용왕이 유희할 때에
널리 모든 곳에서 자재를 얻어
구름을 일으켜 사천하에 두루 충만하니
그 구름이 갖가지로 장엄한 빛깔이니라.

제육 타화자재천에는
그곳 구름 빛은 진금과 같으며
화락천 위에는 붉은 진주 빛이고
도솔타천에는 서리와 눈 빛이며

야마천 상유리색
夜摩天上瑠璃色이요

삼십삼천 마노색
三十三天碼碯色이며

사왕천 상 파려색
四王天上玻瓈色이요

대해수상금강색
大海水上金剛色이며

긴나라 중 묘향색
緊那羅中妙香色이요

제룡주처연화색
諸龍住處蓮華色이며

야차 주처 백아색
夜叉住處白鵝色이요

아수라 중 산석색
阿脩羅中山石色이며

울단월처금염색
鬱單越處金燄色이요

염부제중청보색
閻浮提中青寶色이며

여이천하잡장엄
餘二天下雜莊嚴이니

수중소락이응지
隨衆所樂而應之니라

야마천 위에는 유리 빛이고
삼십삼천에는 마노 빛이며
사왕천 위에는 파려 빛이고
큰 바다 물 위에는 금강 빛이며

긴나라 가운데는 묘한 향기 빛이고
모든 용이 머무르는 곳에는 연꽃 빛이며
야차가 머무르는 곳에는 흰 거위 빛이고
아수라 가운데는 산의 돌 빛이며

울단월처에는 금 불꽃 빛이고
염부제 가운데는 푸른 보배 빛이며
나머지 두 천하는 잡색의 장엄이니
중생들의 좋아하는 바를 따라 응하느니라.

우부타화자재천
又復他化自在天_엔

운중전요여일광
雲中電耀如日光_{이며}

화락천상여월광
化樂天上如月光_{이요}

도솔천상염부금
兜率天上閻浮金_{이며}

야마천상가설색
夜摩天上珂雪色_{이요}

삼십삼천금염색
三十三天金燄色_{이며}

사왕천상중보색
四王天上衆寶色_{이요}

대해지중적주색
大海之中赤珠色_{이며}

긴나라계유리색
緊那羅界瑠璃色_{이요}

용왕주처보장색
龍王住處寶藏色_{이며}

야차소주파려색
夜叉所住玻瓈色_{이요}

아수라중마노색
阿脩羅中碼碯色_{이며}

또 다시 타화자재천에는

구름 가운데의 번개는 밝기가 햇빛과 같으며

화락천 위에는 달빛과 같고

도솔천 위에는 염부금 빛이며

야마천 위에는 흰 눈 빛이고

삼십삼천은 금 불꽃 빛이며

사왕천 위에는 온갖 보배 빛이고

큰 바다 가운데는 붉은 진주 빛이며

긴나라 세계에는 유리 빛이고

용왕이 머무르는 곳에는 보배창고 빛이며

야차가 머무르는 곳에는 파려 빛이고

아수라 가운데는 마노 빛이며

울단월경화주색
鬱單越境火珠色이요

염부제중제청색
閻浮提中帝靑色이며

여이천하잡장엄
餘二天下雜莊嚴이니

여운색상전역연
如雲色相電亦然이니라

타화뇌진여범음
他化雷震如梵音이요

화락천중대고음
化樂天中大鼓音이며

도솔천상가창음
兜率天上歌唱音이요

야마천상천녀음
夜摩天上天女音이며

어피삼십삼천상
於彼三十三天上엔

여긴나라종종음
如緊那羅種種音이요

호세사왕제천소
護世四王諸天所엔

여건달바소출음
如乾闥婆所出音이며

울단월 경계에는 불구슬의 빛이고
염부제 가운데는 제청의 빛이며
나머지 두 천하에는 잡색의 장엄이니
구름빛의 모습같이 번개도 또한 그러하니라.

타화자재천의 우레 소리는 범음과 같고
화락천 가운데는 큰 북 소리이며
도솔천 위에는 노래 소리이고
야마천 위에는 천녀의 음성이며

저 삼십삼천 위에는
긴나라의 갖가지 음성과 같고
세상을 보호하는 사천왕의 모든 하늘 처소에는
건달바가 내는 소리와 같으며

해 중 양 산 상 격 성
海中兩山相擊聲이요

긴 나 라 중 소 적 성
緊那羅中簫笛聲이며

제 룡 성 중 빈 가 성
諸龍城中頻伽聲이요

야 차 주 처 용 녀 성
夜叉住處龍女聲이며

아 수 라 중 천 고 성
阿脩羅中天鼓聲이요

어 인 도 중 해 조 성
於人道中海潮聲이니라

타 화 자 재 우 묘 향
他化自在雨妙香과

종 종 잡 화 위 장 엄
種種雜華爲莊嚴하고

화 락 천 우 다 라 화
化樂天雨多羅華와

만 다 라 화 급 택 향
曼陀羅華及澤香하며

바다 가운데는 두 산이 서로 부딪치는 소리이고

긴나라 가운데는 통소 소리이며

모든 용의 성 가운데는 빈가 음성이고

야차가 머무르는 곳에는 용녀의 음성이며

아수라 가운데는 하늘북의 소리이고

인간세계 가운데는 바다 조수의 소리이니라.

타화자재천에는 묘한 향과

갖가지 온갖 꽃을 비내려 장엄하고

화락천에는 다라 꽃과

만다라 꽃과 택향을 비내리며

도솔천상우마니
兜率天上雨摩尼와

구족종종보장엄
具足種種寶莊嚴과

계중보주여월광
髻中寶珠如月光과

상묘의복진금색
上妙衣服眞金色하며

야마중우당번개
夜摩中雨幢幡蓋와

화만도향묘엄구
華鬘塗香妙嚴具와

적진주색상호의
赤眞珠色上好衣와

급이종종중기악
及以種種衆妓樂하며

삼십삼천여의주
三十三天如意珠와

견흑침수전단향
堅黑沈水栴檀香과

울금계라다마등
鬱金雞羅多摩等과

묘화향수상잡우
妙華香水相雜雨하며

도솔천 위에는 마니를 비내려
갖가지 보배 장엄을 구족해서
상투 가운데 보배 구슬은 달빛 같고
가장 묘한 의복은 진금 빛이니라.

야마천 가운데는 깃대와 번과 일산과
화만과 바르는 향과 묘한 장엄구와
붉은 진주 빛의 가장 좋은 옷과
그리고 갖가지 온갖 기악으로 비내리며

삼십삼천에는 여의주와
견고하고 검은 침수 전단향과
울금과 계라다마 등과
미묘한 꽃과 향수가 서로 섞여 비내리며

호세성중우미선
護世城中雨美膳의

색향미구증장력
色香味具增長力하고

역우난사중묘보
亦雨難思衆妙寶하니

실시용왕지소작
悉是龍王之所作이니라

우부어피대해중
又復於彼大海中엔

주우부단여차축
注雨不斷如車軸하며

부우무진대보장
復雨無盡大寶藏하고

역우종종장엄보
亦雨種種莊嚴寶하며

긴나라계우영락
緊那羅界雨瓔珞과

중색연화의급보
衆色蓮華衣及寶와

파리사가말리향
婆利師迦末利香과

종종악음개구족
種種樂音皆具足하며

호세 사천왕의 성 가운데는 좋은 반찬을 비내려

색과 향기와 맛을 갖추어 힘을 증장하고

또한 사의하기 어려운 온갖 묘한 보배를 비내리니

다 이 용왕이 지은 바이니라.

또 다시 저 큰 바다 가운데에는

내리는 비가 끊이지 않아 수레바퀴와 같고

다시 다함없는 큰 보배창고도 비내리고

또한 갖가지 장엄 보배도 비내리며

긴나라 세계에는 영락이 비내리고

온갖 색의 연꽃과 옷과 보배와

파리사가향과 말리향과

갖가지 음악 소리가 모두 구족하며

제룡성중우적주
諸龍城中雨赤珠하고

야차성내광마니
夜叉城內光摩尼하며

아수라중우병장
阿脩羅中雨兵仗하야

최복일체제원적
摧伏一切諸怨敵하며

울단월중묘영락
鬱單越中妙瓔珞하고

역우무량상묘화
亦雨無量上妙華하며

불파구야이천하
弗婆瞿耶二天下엔

실우종종장엄구
悉雨種種莊嚴具하며

염부제우청정수
閻浮提雨淸淨水호대

미세열택상응시
微細悅澤常應時하야

장양중화급과약
長養衆華及果藥하고

성숙일체제묘가
成熟一切諸苗稼니라

모든 용의 성 가운데는 붉은 진주를 비내리고
야차의 성안에는 빛나는 마니이며
아수라 가운데는 병장을 비내려서
일체 모든 원수와 적을 꺾어 항복시키며

울단월 가운데는 미묘한 영락이고
또한 한량없는 가장 미묘한 꽃을 비내리며
불바와 구야 두 천하에는
다 갖가지 장엄구를 비내리며

염부제에는 청정한 물을 비내리되
미세한 기쁨의 비가 항상 때에 맞추어
온갖 꽃과 열매와 약초를 길러내고
일체 모든 곡식의 싹을 성숙하게 하느니라.

여시무량묘장엄
如是無量妙莊嚴과

종종운전급뇌우
種種雲電及雷雨를

용왕자재실능작
龍王自在悉能作호대

이신부동무분별
而身不動無分別이니

피어세계해중주
彼於世界海中住로대

상능현차난사력
尚能現此難思力이어든

황입법해구공덕
況入法海具功德하고

이불능위대신변
而不能爲大神變가

피제보살해탈문
彼諸菩薩解脫門을

일체비유무능현
一切譬諭無能顯일새

아금이차제비유
我今以此諸譬諭로

약설어기자재력
略說於其自在力이로라

이와 같은 한량없는 묘한 장엄과

갖가지 구름과 번개와 우레와 비를

용왕이 자재하게 다 능히 짓되

몸은 움직이지도 않고 분별도 없느니라.

그들이 세계 바다 가운데 머무르되

오히려 능히 이 사의하기 어려운 힘을 나타내거늘

하물며 법바다에 들어가 공덕을 갖추고서

능히 큰 신통 변화를 짓지 못하리오.

저 모든 보살들의 해탈문은

일체 비유로 능히 나타낼 수 없으나

내가 이제 이러한 모든 비유로

간략히 그 자재한 힘을 설하였노라.

제일지혜광대혜
第一智慧廣大慧와

진실지혜무변혜
眞實智慧無邊慧와

승혜급이수승혜
勝慧及以殊勝慧인

여시법문금이설
如是法門今已說호니

차법희유심기특
此法希有甚奇特이라

약인문이능인가
若人聞已能忍可하야

능신능수능찬설
能信能受能讚說하면

여시소작심위난
如是所作甚爲難이니라

세간일체제범부
世間一切諸凡夫가

신시법자심난득
信是法者甚難得이어니와

약유근수청정복
若有勤修淸淨福인댄

이석인력내능신
以昔因力乃能信이니라

제일의 지혜이며 넓고 큰 지혜이며
진실한 지혜이며 가없는 지혜이며
수승한 지혜이며 가장 수승한 지혜인
이와 같은 법문을 지금 이미 설하였노라.

이 법은 희유하고 매우 기특함이라
만약 어떤 사람이 듣고서 능히 인가하여
능히 믿고 능히 받고 능히 찬탄하여 설하면
이와 같이 하는 것은 매우 어려움이 되느니라.

세간의 일체 모든 범부들이
이 법을 믿는 이를 매우 얻기 어려우나
만약 어떤 이가 청정한 복을 부지런히 닦으면
옛적 인연의 힘으로 이에 능히 믿게 되리라.

일체세계제군생
一切世界諸群生이

소유욕구성문승
少有欲求聲聞乘하며

구독각자전부소
求獨覺者轉復少하고

취대승자심난우
趣大乘者甚難遇라

취대승자유위이
趣大乘者猶爲易이어니와

능신차법배갱난
能信此法倍更難이어든

황부지송위인설
況復持誦爲人說하야

여법수행진실해
如法修行眞實解아

유이삼천대천계
有以三千大千界로

정대일겁신부동
頂戴一劫身不動이라도

피지소작미위난
彼之所作未爲難이어니와

신시법자내위난
信是法者乃爲難이니라

일체 세계의 모든 군생들이
성문승을 구하고자 하는 이는 조금 있고
독각을 구하는 이는 더욱 다시 적으며
대승으로 나아가는 이는 매우 만나기 어려우니라.

대승으로 나아가는 것은 오히려 쉬우나
이 법을 능히 믿는 것은 배나 다시 어렵거늘
하물며 다시 지니고 외우고 다른 이를 위해 설하여
여법하게 수행하고 진실하게 아는 것이리오.

삼천대천세계를 머리에 이고
한 겁 동안 몸을 움직이지 않더라도
그것을 짓는 것은 어렵지 않거니와
이 법을 믿는 것이 어려우니라.

유이수경십불찰
有以手擎十佛刹하고

진어일겁공중주
盡於一劫空中住라도

피지소작미위난
彼之所作未爲難이어니와

능신차법내위난
能信此法乃爲難이니라

십찰진수중생소
十刹塵數衆生所에

실시락구경일겁
悉施樂具經一劫이라도

피지복덕미위승
彼之福德未爲勝이어니와

신차법자위최승
信此法者爲最勝이니라

십찰진수여래소
十刹塵數如來所에

실개승사진일겁
悉皆承事盡一劫이라도

약어차품능송지
若於此品能誦持하면

기복최승과어피
其福最勝過於彼니라

손으로 열 부처님 세계를 받들고
한 겁이 다하도록 허공 중에 머무르더라도
그것을 짓는 것은 어렵지 않거니와
능히 이 법을 믿는 것이 어려우니라.

열 세계 티끌 수의 중생 처소에
다 즐길거리를 보시하며 한 겁을 지내더라도
그 복덕은 수승하지 않거니와
이 법을 믿는 것이 가장 수승하니라.

열 세계 티끌 수의 여래 처소에서
모두 다 받들어 섬기며 한 겁을 다하더라도
만약 이 품을 능히 외우고 지니면
그 복이 가장 수승하여 저보다 많으리라.

시 현수보살 설차게이 시방세계 육
時에 賢首菩薩이 說此偈已하신대 十方世界가 六

반진동 마궁 은폐 악도 휴식 시
返震動하야 魔宮이 隱蔽하고 惡道가 休息이라 十

방제불 보현기전 각이우수 이마기
方諸佛이 普現其前하사 各以右手로 而摩其

정 동성찬언
頂하고 同聲讚言하사대

선재선재 쾌설차법 아등일체 실개수
善哉善哉라 快說此法이여 我等一切가 悉皆隨

희
喜라하시니라

〈大方廣佛華嚴經 卷第十五〉

이때에 현수 보살이 이 게송을 말씀하여 마치니, 시방세계가 여섯 가지로 진동하여 마군의 궁전은 숨어버리고 악도는 모두 쉬었다.

시방의 모든 부처님께서 널리 그 앞에 나타나셔서, 각각 오른손으로 그 정수리를 만지시며 같은 소리로 칭찬하셨다.

"훌륭하고 훌륭하도다. 이 법문을 통쾌하게 설함이여, 우리들도 모두 다 따라서 기뻐하노라."

〈대방광불화엄경 제15권〉

大方廣佛華嚴經

부록

•

대방광불화엄경 목차

•

간행사

대방광불화엄경
목차

간 행 사

　귀의삼보 하옵고,

　『대방광불화엄경』의 수지 독송과 유통을 발원하면서 수미정사 불전연구원에서 『독송본 한문·한글역 대방광불화엄경』과 『사경본 한글역 대방광불화엄경』을 편찬하여 간행하게 되었습니다.

　『화엄경』은 우리나라에 전래된 이래 일찍부터 사경되고 주석·강설되어 왔으며 근현대에 이르러서는 『화엄경』의 한글 번역과 연구도 부쩍 많이 이루어졌습니다. 그만큼 『화엄경』이 우리 불자님들의 신행과 해탈에 큰 의지처가 되었던 것임을 알 수 있습니다.

　『화엄경』을 독송하고 사경하는 공덕은 설법 공덕과 함께 크게 강조되어 왔습니다. 그리하여 수미정사 불전연구원에서도 『화엄경』(80권)을 독송하고 사경하는 데 도움이 되도록 한문 원문과 한글역을 함께 수록한 독송본과 한글역의 사경본 『화엄경』 간행불사를 발원하였습니다. 이 『화엄경』 간행불사에 뜻을 같이하여 적극 후원해주신 스님들과 재가 불자님들께 깊이 감사드립니다. 또한 『화엄경』을 수지 독송할 수 있도록 경책의 모습으로 장엄해 주신 편집위원들과 담앤북스 출판사 관계자들께도 고마움을 표합니다.

　끝으로 이 불사의 원만 회향으로 『화엄경』이 널리 유통되고, 온 법계에 부처님의 가피가 충만하시길 기원드립니다.

　나무 대방광불화엄경

불기 2564년 '부처님오신날'을 봉축하며
수미해주 합장

위태천신(동진보살)

수미해주 須彌海住

동국대학교 명예교수
중앙승가대학교 법인이사
대한불교조계종 수미정사 주지

독송본 한문·한글역
대방광불화엄경 제15권

| 초판 1쇄 발행_ 2021년 6월 24일

| 엮은이_ 수미해주
| 엮은곳_ 수미정사 불전연구원
| 편집위원_ 해주 수정 경진 선초 정천 석도 박보람 최원섭
| 편집보_ 무이 무진 지욱 김지예

| 펴낸이_ 오세룡
| 펴낸곳_ 담앤북스
　　　　　서울특별시 종로구 새문안로3길 23 경희궁의 아침 4단지 805호
　　　　　대표전화 02)765-1251 전자우편 damnbooks@hanmail.net
　　　　　출판등록 제300-2011-115호
| ISBN_ 979-11-6201-297-0 04220